ACADÉMIE DE MACON·

LA
JEUNESSE DE PIERRE-PAUL PRUD'HON

ÉTUDE

Par M. Paul MARTIN,

Lue à la séance publique du 6 avril 1876.

MACON
IMPRIMERIE D'ÉMILE PROTAT

1876.

ACADÉMIE DE MACON.

LA
JEUNESSE DE PIERRE-PAUL PRUD'HON

ÉTUDE

Par M. Paul MARTIN,

Lue à la séance publique du 6 avril 1876.

MACON,
IMPRIMERIE D'ÉMILE PROTAT.

1876.

LA JEUNESSE DE PIERRE-PAUL PRUD'HON

ÉTUDE

Par Paul MARTIN.

On a déjà beaucoup écrit sur Prud'hon. Sa vie et ses œuvres ont été l'objet de nombreux et intéressants travaux. Dernièrement encore, il a paru sur ce sujet un important volume [1], où l'auteur, M. Charles Clément, n'écrivant que d'après des pièces authentiques et des lettres autographes, dont il cite de nombreux extraits, a répandu la lumière sur nombre de faits jusqu'alors erronés ou inconnus. Il semblerait donc qu'après ce remarquable travail le sujet fût épuisé. Il n'en est rien. Malgré ses recherches savantes et consciencieuses, M. Clément a laissé échapper un certain nombre de lacunes que je suis heureux de pouvoir combler aujourd'hui, grâce à des documents originaux et inédits provenant des archives du département de Saône-et-Loire [2].

[1] *Prud'hon. Sa vie, ses œuvres et sa correspondance*, par CHARLES CLÉMENT. — Didier, édit. Paris.

[2] Ils m'ont été communiqués, avec une extrême obligeance, par le conservateur des archives, M. Michon, à qui je suis heureux d'adresser ici mes sincères remerciements.

J'espère ainsi compléter les travaux qui ont paru jusqu'à ce jour, en précisant certains faits restés indécis et en fixant des dates inconnues ou incertaines.

J'ai choisi la jeunesse du grand artiste, parce que c'est là surtout que se trouvent les oublis et les lacunes, et que sa biographie est le plus incomplète. N'est-ce pas, du reste, un spectacle intéressant que de suivre le développement d'un grand talent, de le voir, pour ainsi dire, naître, grandir insensiblement et atteindre enfin sa complète maturité? N'est-il pas en même temps d'un bon exemple de montrer quel travail et quelle persévérance il faut aux organisations même les mieux douées pour arriver au plein épanouissement de leurs facultés?

Si quelques-uns sont favorisés par la destinée, d'autres, au contraire, ne rencontrent que des obstacles et n'atteignent leur but qu'après une lutte acharnée et incessante contre l'adversité. Prud'hon était de ces derniers. Il arriva à force d'énergie et de ténacité, et quand il triompha enfin de sa mauvaise fortune, il avait usé ses plus belles années dans des luttes où il eût sans doute succombé s'il n'eût été soutenu par l'ardent amour qu'il avait pour son art.

Ce sont ces années d'épreuves, supportées avec tant de courage par notre grand peintre, que je vais essayer de retracer rapidement dans cette étude.

I.

Pierre Prud'hon est né à Cluny le 4 avril 1758. Il était le dernier de dix enfants que Christophe Prud'hon, tailleur de pierre, avait eus de sa femme, Françoise Piremole. Ils habitaient une modeste maison située dans l'impasse des Prêtres, sur la paroisse Saint-Marcel, où elle existe encore. C'est là que Pierre Prud'hon passa ses premières années. Sa mère avait pour lui une prédilection particulière; elle ne le quittait pas, l'entourait des soins les plus tendres et contribuait ainsi à développer chez lui cette nature douce, affectueuse et naïve qui dominera toute la vie de l'artiste. Mais alors celui-ci se livrait sans souci aux ébats de son âge et contribuait pour sa part aux soins du modeste ménage en allant chercher du bois dans les forêts de l'abbaye.

Il serait sans doute devenu un simple ouvrier comme son père si, vers l'âge de sept ans, il n'eût été remarqué par l'abbé Besson, curé de Saint-Marcel, nature douce et bienveillante, qui le prit sous sa protection, le fit son enfant de chœur et commença son instruction. Il l'envoya ensuite étudier chez les moines de Cluny, où le jeune écolier prit ses premières leçons de dessin. Ses dispositions innées se manifestèrent aussitôt. A partir de ce moment, il ne cessait de dessiner, de modeler et de composer de petites scènes où il donnait cours à sa jeune imagination. Délaissant ses études proprement dites, il passait son temps à chercher à imiter les tableaux renfermés dans l'abbaye, et poussa la ténacité jusqu'à fabriquer lui-même les couleurs et les pinceaux pour les copier à l'huile.

C'est alors qu'il fit, comme première œuvre, l'enseigne d'un chapelier, où il avait représenté sur un panneau deux ouvriers foulant le feutre dans une cuve, le tout entouré de guirlandes de roses. Naïve image, au bas de laquelle on lisait : « Charton, maître chapelier, vend toutes sortes de chapeaux fins et autres. »

Arrivé à l'âge de seize ans, Pierre Prud'hon n'avait plus rien à apprendre à Cluny. Aussi fut-il recommandé par son protecteur à l'abbé Sigorgne, grand-vicaire du diocèse, qui parla de lui à Mgr Moreau, évêque de Mâcon.

Ce prélat prit chaudement en main la cause du jeune artiste, et dans la séance des Etats du Mâconnais, qui eut lieu le 17 mai 1774, il proposa aux élus d'envoyer Pierre Prud'hon à l'école de peinture de Dijon, aux frais de la province, à la condition toutefois qu'après ses études terminées, il viendrait diriger l'école de dessin de Mâcon [1]. Prud'hon accepta et partit pour Dijon.

Là, il ne tarda pas à s'attirer la bienveillance du directeur de l'école, François Devosges. Cet artiste consciencieux et dévoué avait consacré sa modeste fortune à fonder cette école, qu'il avait entretenue à ses frais jusqu'au moment où les Etats de Bourgogne, frappés des résultats obtenus, la prirent sous leur pro-

---

[1] Voir pièces justificatives n° 1.

tection et lui accordèrent une subvention. Entre cet homme de cœur et le jeune Prud'hon s'établit bientôt une vive sympathie, qui devint par la suite une amitié solide et durable. Sous cette direction habile et affectueuse, Prud'hon fit des progrès rapides qui attirèrent l'attention, car, au bout de la première année, les Etats du Mâconnais, « pour encourager les talents de ce jeune homme, qui se développent d'une manière aussi surprenante que satisfaisante, » lui accordent une gratification de 24 livres. L'année suivante, cette gratification fut portée à 50 livres ; enfin, comme il avait obtenu en 1777 le premier prix de l'école, qui consistait en une médaille d'or, les Etats lui votèrent une somme de 120 livres en dehors de tous ses frais payés [1]. Malheureusement, ces succès éclatants avaient été attristés par un profond chagrin. En septembre 1775, il avait perdu son père [2], et quatre mois ensuite sa mère, qu'il aimait tendrement [3]. Il ne lui restait que des frères et des sœurs, « en qui il trouva moins d'affection et plus d'indifférence que chez des étrangers. » Il était donc, à dix-sept ans, seul, sans fortune, sans soutien, « timide, confiant, ne connaissant point le monde. » Livré ainsi à lui-même, il était incapable de résister aux entraînements de sa nature impressionnable. S'étant épris d'une vive passion pour Mlle Jeanne Pennet, fille de Me Philibert-Claude Pennet, notaire royal, il dut l'épouser pour obéir aux

---

[1] Voir aux pièces justificatives les n°s 2, 3, 4.

[2] Le 12 septembre 1775, sépulture de Christophe Prudhon. (*Archives de Saône-et-Loire*, B, 1462). Cette date est inédite.

[3] Prud'hon à M. Fauconnier, lettre écrite de Turin, citée par M. Ch. Clément, ainsi que les suivantes, dont j'ai fait de nombreux extraits.

scrupules de sa nature honnête et loyale, et sans doute aussi aux instances de l'abbé Besson, qui célébra la cérémonie nuptiale. Du reste, il y avait urgence, car son mariage eut lieu le 17 février 1778, et le 26 du même mois naissait son fils Jean, qui fut baptisé le lendemain [1].

Prud'hon ne tarda pas à subir les conséquences de cette union mal assortie. Sa femme n'était pas la compagne qui convenait à un artiste tel que lui. Il lui eût fallu une de ces vaillantes femmes, dévouées, intelligentes, capables de supporter dignement avec lui la bonne et la mauvaise fortune, de l'aider de ses conseils, de le soutenir dans les moments de défaillance, et surtout de l'entourer de cette affection profonde, qui était un besoin pour lui et l'eût consolé de bien d'autres chagrins. Mlle Jeanne Pennet était loin de répondre à ce caractère. Aussi Prud'hon, avec sa nature impressionnable, s'abandonna bientôt à un profond découragement. Pour le comprendre, il faut nous rappeler qu'il avait vingt ans, qu'il était confiné par la misère dans une petite ville de province, ne lui offrant aucune facilité pour continuer ses études et développer son talent, et qu'il ne voyait pas de terme à cette situation intolérable [2].

Heureusement, il trouva dans le baron de Joursanvault un protecteur aussi éclairé que généreux.

[1] Voir pièces justificatives, n° 5, date inédite.
[2] C'est peu de temps après son mariage qu'il ajouta à son nom celui de *Paul*. Nous le trouvons pour la première fois dans un acte authentique du 12 juin 1778. Quoiqu'il figure dans son acte de mariage, il n'est pas de la même écriture que e reste et doit être considéré comme une intercalation faite postérieurement, d'autant plus que la signature porte simplement *Pierre Prudon*.

M. de Joursanvault, gentilhomme de Beaune, était un esprit distingué, très-adonné à la culture des sciences et des arts. Il pressentit de bonne heure le génie de Prud'hon, et, témoin de la détresse de son protégé, il ne négligea rien pour lui remonter le moral, il veilla sur lui avec une sollicitude toute paternelle, prit part à ses chagrins de famille, le soutint de ses conseils et entretint avec lui une correspondance très-suivie [1]. Prud'hon accepta avec empressement les encouragements de cette âme loyale et dévouée. M. de Joursanvault devint le confident de ses chagrins, de ses déboires et de ses aspirations. Leur correspondance est pleine des angoisses dont est alors assiégée l'âme du jeune artiste, qui insiste surtout pour sortir de Cluny, « où le regret de perdre son temps et l'ennui l'excèdent, ce qui le rendrait incapable, s'il restait plus longtemps, de rien faire de bon [2]... » « Outre que j'y perds un temps précieux, que je regrette, écrit-il, je m'y ennuie au delà de tout ce qu'on peut dire... Laissez-moi aller à Paris, monsieur, c'est là où non seulement je pourrai vous faire des ouvrages plus dignes de vous et de moi, mais où je serai à même de ne perdre aucun moment et de me perfectionner de plus en plus [3]. »

A ces ennuis s'ajoutaient d'autres chagrins de famille.

---

[1] Prud'hon fit pour son bienfaiteur un certain nombre de dessins dont celui-ci grava plusieurs à l'eau forte; il lui fit aussi des portraits de famille, et une série de dessins exécutés à l'encre de Chine pour illustrer une *Méthode de basse* dont M. de Joursanvault était l'auteur.

[2] Lettre à M. de Joursanvault.

[3] Id.

Le 7 mars 1780, il lui naissait un fils qui mourait quelques mois après [1].

Pour toutes ces causes, il était complétement démoralisé. M. de Joursanvault, comprenant alors que son protégé ne pouvait rester plus longtemps dans cette situation intolérable sans compromettre son avenir, lui facilita les moyens de faire le voyage si désiré.

II.

Vers la fin d'octobre 1780, Prud'hon arriva à Paris, où son généreux Mécène l'avait recommandé à un ami, le graveur Wille, dans une lettre touchante, où il appelait le jeune peintre *son enfant adoptif*, et disait de lui : « Se livrant avec facilité à l'amitié, sans défiance de ceux qu'il aime, il peut tomber dans le précipice le plus affreux, et des sociétés qu'il fera à Paris dépend le bonheur ou le malheur de sa vie [2]. »

Heureusement, Prud'hon put éviter cet écueil si dangereux pour lui, et trouva dans la famille Fauconnier, honnêtes et modestes bourgeois qui habitaient la même maison que lui, rue du Bac, la douce intimité et la vie d'intérieur simple et affectueuse qui convenait à son caractère. Nul doute qu'il ne travaillât beaucoup à compléter ses études. Mais il reste peu de chose des œuvres qu'il exécuta alors. Il était pauvre, inconnu, et il est probable qu'une partie de son temps était consacrée à exécuter des commandes qui lui permissent

---

[1] Voir pièces justificatives, n° 6.
[2] Baron de Joursanvault à M. Wille, 15 octobre 1780.

de subsister lui et sa famille. Sa situation précaire le forçait d'accepter tous les travaux qui se présentaient, même les plus modestes, tels que gravures, dessins au crayon, à la plume, et surtout des miniatures dans le goût du temps. Il va sans dire qu'il fit de nombreux portraits de ses amis, parmi lesquels on remarque surtout celui de Mlle Marie Fauconnier, pour qui il avait un profond attachement, et dont il rendit à merveille « la physionomie régulière et fine, pétillante de grâce et de malice [1]. » Quant aux portraits à l'huile qu'il exécuta alors, « il est plus difficile de les reconnaître, parce que son style n'est que celui d'un homme qui tâtonne [2], » et qu'il n'a pas encore trouvé sa voie définitive [3].

Après un séjour de trois ans à Paris, Prud'hon vint concourir pour le prix fondé par les Etats de Bourgogne, et qui permettait au lauréat d'aller passer trois ans à Rome.

III.

De retour à Dijon, il s'abandonne à une profonde mélancolie. Il regrette Paris et les amis qu'il y a laissés. Il est abattu et découragé. « Si je fouille au-dedans de moi, je n'y trouve qu'un vide affreux. Si

---

[1] *Le Roman de Prud'hon*, par ALFRED SENSIER. (*Revue internationale des arts*, 15 décembre 1869.)

[2] *Le Roman de Prud'hon*. Ibid.

[3] C'est pendant son séjour à Paris qu'il fit les naïves et charmantes compositions représentant, l'une : *Des enfants jouant avec des lapins*; l'autre : *Des enfants caressant des petits chiens*. On a tout lieu de croire que c'est aussi à cette époque qu'il fit *la Famille heureuse*.

j'envisage ma situation présente, toutes les idées d'honneurs, de fortune et de gloire disparaissent et deviennent chimériques à mes yeux [1]. » A la suite de tant d'efforts jusqu'alors impuissants et stériles, il commence à douter de lui-même. Il parle de « son ignorance et de son peu de talent. » Toujours inconnu et talonné par la misère, il n'avait pour subsister que quelques portraits qui lui procuraient à peine le strict nécessaire pour lui et sa famille.

Aussi attendait-il avec la plus vive impatience le concours qui devait décider de son avenir. Après bien des retards, ce concours eut enfin lieu, et il se passa cet épisode bien connu qui montre jusqu'où allaient la générosité et le désintéressement de Prud'hon. Pendant qu'il était en loge, il entendit un de ses concurrents, son voisin, qui se désespérait de ne pouvoir venir à bout de son tableau. N'écoutant que son cœur, Prud'hon enlève une planche de la cloison, pénètre chez son camarade, et lui vient si bien en aide qu'il lui fait remporter le prix. Mais le faux vainqueur avoua lui-même la supercherie, et Prud'hon, comblé d'éloges, fut désigné pour aller à Rome.

Les Etats du Mâconnais lui votèrent une somme de 100 livres pour contribuer aux frais du voyage [2]. Il partit vers la fin d'octobre 1784, mais toujours poursuivi par sa mauvaise fortune qui ne cessait de lui susciter des entraves.

Après être allé prendre congé de sa famille à Cluny,

---

[1] Lettre à M. Fauconnier, du 28 novembre 1783.
[2] Voir *Archives de Saône-et-Loire*, série C, 498. — Séance des Etats du Mâconnais, du 4 août 1784.

il revint à Dijon, s'arrêta cinq à six jours à Mâcon, et autant à Lyon pour attendre un compagnon de route qui finit par le rejoindre. S'étant embarqué sur le Rhône, une tempête horrible l'oblige à mettre quatre jours à un trajet qu'on fait habituellement en deux jours, encore dut-il faire trois grandes lieues à pied pour gagner Avignon. Il arrive enfin à Marseille. Mais là, nouveaux obstacles. Il ne trouve qu'au bout de huit jours un bâtiment en partance pour Civita-Vecchia et s'arrange avec le capitaine à raison de quarante sols par jour pour la nourriture et de deux louis pour la traversée. Mais les vents contraires s'opposant au départ, il est obligé d'attendre plus de trois semaines à Marseille. Une fois embarqué, les vents étant toujours contraires, le bâtiment dut relâcher dix jours à Toulon, dix-neuf jours à l'île d'Elbe, et mit trente-cinq jours au lieu de trois à faire la traversée [1]. Pour qu'aucun ennui ne manque à son voyage, Prud'hon raconte que, dans le trajet, à partir de Civita-Vecchia, « il tomba du haut d'une voiture, mais sans se faire de mal, » et il arriva sans autre accident à Rome vers la fin de décembre.

IV.

Une de ses premières visites fut pour le cardinal de Bernis, ambassadeur de France, qui l'invita à dîner. Il trouva là « des prélats, de la noblesse, et beaucoup

---

[1] Pour ces détails, voir ses lettres : à M. Fauconnier, du 5 novembre 1874 ; à M. Devosges, du 22 novembre 1784 et du 2 janvier 1785.

d'artistes, peintres, sculpteurs, architectes et musiciens [1]. » Mais il fut surtout séduit par l'amabilité de son hôte, un des plus brillants représentants de l'élégante et spirituelle société française du siècle dernier. « Quel aimable homme que ce cardinal de Bernis! Il est affable, familier, mettant tout le monde à son aise; bref, on est chez lui comme chez soi [2]. »

Ses premiers jours furent ensuite consacrés à visiter les chefs-d'œuvre accumulés dans cette ville incomparable. Prud'hon était trop artiste pour ne pas subir le charme de toutes ces merveilles. Mais après le premier mouvement d'enthousiasme, son naturel tendre et affectueux ne tarda pas à reprendre le dessus. « Au milieu de toutes ces belles choses, il me reste un vide bien grand dans l'âme. Si mon esprit jouit, mon cœur est loin d'être content. Partout je me trouve seul et isolé. Je n'ai plus ces amis à qui je confiais mes pensées, dans le sein desquels j'épanchais mes peines. Tout ici est néant pour moi, et je ronge secrètement le frein de ma mélancolie sans chercher même à me distraire de ma tristesse [3]. » Il écrivait encore trois mois après : « Je tâche d'étudier de mon mieux, tant pour remplir le temps que pour me distraire de mes pensées. Je consulte et je vois souvent les belles choses ; elles me satisfont bien quant au goût que j'ai pour elles, mais elles ne remplissent guère le vide que votre absence laisse dans mon cœur [4]. » Il n'a pas de

[1] Lettre à M. Devosges, du 2 janvier 1785.
[2] Id.
[3] Lettre à M. Fauconnier, du 11 janvier 1785.
[4] Lettre à M. Fauconnier, du 14 mars 1785.

plus grand plaisir que de correspondre avec les amis dont il est si éloigné. « En lisant leurs lettres, il se voit avec eux, et cette douce erreur ne laisse pas de chasser de son esprit l'ennui de la solitude[1]. »

Toute cette correspondance abonde en détails intéressants sur son existence à Rome. « La vie qu'on mène ici en exclut toute variation. Le matin, je me lève pour aller dessiner d'après l'antique. A midi, je dîne et continue après dîner l'ouvrage du matin. Le soir, lorsque la nuit tombe, je vais seul me promener dans quelque endroit peu fréquenté, jusqu'à l'heure de l'Académie où je me trouve tout aussi seul que s'il n'y avait que moi [2]. »

Il fit un voyage de quelques mois dans le nord de l'Italie, parcourut Florence, Parme, Milan et poussa jusqu'à Turin. Il fut surtout séduit par les œuvres du Corrége et celles de Léonard de Vinci. La *Cène* de ce dernier l'enthousiasma : « Ce tableau est le premier tableau du monde et le chef-d'œuvre de la peinture. Toutes les qualités de l'art s'y trouvent réunies au degré le plus sublime. Lorsqu'on est devant, on ne se lasse pas d'admirer soit le tout ensemble, soit chaque détail en particulier. C'est une source intarissable d'études et de réflexions... Enfin, quand Léonard de Vinci n'aurait fait que ce tableau, ce seul ouvrage l'eût conduit à l'immortalité[3]. »

De retour à Rome, Prud'hon dut s'occuper de la copie qu'il avait à faire pour les Etats de Bourgogne.

[1] Lettre à M. Devosges, du 20 septembre 1785.
[2] Lettre à M. Fauconnier, du 14 mars 1785.
[3] Lettre à M. Devosges, du 20 septembre 1785.

Cette fois encore, sa mauvaise chance ne l'abandonna pas. Au lieu de laisser l'artiste choisir un sujet à sa convenance et en rapport avec son génie, on lui imposa un ouvrage qui le mit de fort mauvaise humeur. C'est, dit-il, « une copie d'après Pierre de Cortone, un assez mauvais peintre des temps passés, et que je ne suis guère content de faire [1]. »

Il faut avouer que Pierre de Cortone, avec sa manière lâchée et sa recherche de l'effet décoratif, était bien l'artiste dont le talent avait le moins d'analogie avec celui de Prud'hon. Néanmoins, celui-ci dut s'exécuter et mit près d'une année à copier le plafond du palais Barberini, grande machine allégorique dans le goût du temps, « plus faite pour faire fracas que pour y trouver du dessin, du fini et même du coloris [2]. »

Après avoir terminé cet ouvrage désagréable, et enchanté de n'avoir plus à « faire des copies d'après de mauvais originaux [3], » Prud'hon put désormais se livrer sans entraves aux études qui convenaient à son talent et à son tempérament d'artiste.

L'année qu'il passa encore à Rome fut moins consacrée à exécuter des travaux importants qu'à faire de nombreuses études et surtout à observer les grands maîtres : « Je m'occupais à regarder et à admirer les chefs-d'œuvre [4]. » A cette vue, son talent se compléta, et il en arriva à acquérir toutes les qualités d'exécution qui, déjà chez lui à l'état de germe, développées ensuite

[1] Lettre à M. Fauconnier, sans date.
[2] Lettre à M. Devosges, du 3 octobre 1786.
[3] Lettre à M. Devosges, sans date.
[4] « L'étude des grands maîtres et de l'antiquité me mettent tous les jours à portée de connaître le point où j'en suis. » 28 août 1787.

par la contemplation des grandes œuvres, caractériseront à l'avenir toutes ses créations. Quant à ses principes sur l'art, nous les trouvons exprimés à chaque page de sa correspondance, où il se plaint du faux goût qui règne de son temps. « On prend moins garde à l'action et au caractère des figures qu'à ce qui plaira à l'œil et à ce qui pourra l'éblouir; beaucoup de clinquant qui le fatigue, au lieu de ce beau repos de couleur qui ne laisse dominer que l'action des figures, permet aux spectateurs de les fixer sans s'étourdir, lui donne le temps de se pénétrer du sentiment qui les anime et fait qu'il ne lui reste dans l'âme que le caractère du héros qu'il a cru voir [1]. »

Sous l'impression des belles choses qu'il avait sous les yeux, Prud'hon conçut alors les projets de la plupart des tableaux qu'il exécuta par la suite et dont il esquissa les croquis dans ses carnets [2]. Quoique ces modestes travaux n'aient pu lui acquérir une grande notoriété dans le public, il était entré en relations avec la plupart des principaux artistes alors à Rome. Il connut Lagrenée, le directeur de l'Académie de France; Drouais, mort si jeune, dont il appréciait beaucoup le talent, et enfin Canova, le sculpteur, avec qui il se lia particulièrement. Celui-ci fit les plus affectueux efforts pour le retenir à Rome. Prud'hon résista. Outre que sa santé avait fort à souffrir des chaleurs de l'été, il aspirait vivement à rentrer en France, poussé par le désir de revoir sa patrie, ses

[1] Lettre à M. Fauconnier, sans date.
[2] Nous citerons entre autres : *L'Amour réduit à la raison; Joseph et la femme de Putiphar; Stratonice, l'Amour et Psyché*, etc.

amis, et de venir en aide à sa femme et à son fils, sur lesquels M. Devosges avait veillé pendant son absence avec la sollicitude de l'amitié la plus dévouée.

Il partit de Rome vers la fin de 1787 et regagna la France, qu'il ne devait plus quitter.

V.

C'est ici que finissent les années d'apprentissage de notre grand artiste, et en même temps l'étude que j'ai entreprise.

Mais, avant de terminer, vous me permettrez de résumer en quelques lignes, comme complément nécessaire de ce travail, le caractère de Prud'hon et la nature de son talent.

Il faut avouer que peu d'artistes ont réalisé plus complétement l'aphorisme de Buffon : *Le style, c'est l'homme*. Ses œuvres sont, pour ainsi dire, le reflet de ses sentiments et de sa vie.

Comme vous avez pu le remarquer, le trait dominant de son caractère est une vive sensibilité qui dirige toutes ses actions. Chaque page de sa correspondance trahit son attachement à ses amis. Il ne peut supporter la solitude et l'éloignement de ceux qui lui sont chers.

Si ce sentiment, quelquefois excessif, lui fit commettre des fautes dont il fut la première victime, il lui valut d'importantes compensations. Sa nature affectueuse inspirait généralement la sympathie et lui acquit à toutes les époques de sa vie des amitiés solides, dévouées et qui ne lui firent jamais défaut.

N'est-ce pas là le plus bel éloge qu'on puisse faire de son caractère. Car il n'y a que les âmes nobles, généreuses et dévouées elles-mêmes pour provoquer et entretenir de tels attachements.

Mais s'il recherche avidement les affections durables, il dédaigne les relations banales. « Autant je m'attache à qui j'aime, dit-il, autant je suis peu communicatif avec qui ne me convient pas [1]. » Cette réserve, indice d'une âme délicate, s'accentue davantage encore chez Prud'hon quand il s'agit de son art. « Les protections m'embarrassent plus qu'elles ne me plaisent, premièrement parce que je ne suis point courtisan, secondement parce qu'un artiste ne doit avoir de protection que son talent[2]. »

C'est ce talent que nous allons essayer de caractériser à son tour.

On est d'abord frappé, en voyant les œuvres de Prud'hon, de la poésie gracieuse et naïve répandue partout et qui leur donne un charme incomparable. Quoiqu'il ait composé des scènes pleines de vigueur et d'énergie, ce n'est pas là qu'il excelle. On le trouve au contraire tout entier dans les sujets gracieux et mélancoliques, où il déploie tout son sentiment et toutes les qualités d'exécution, fruit de ses longues et laborieuses études. Son séjour à Rome avait eu sur son talent l'influence la plus heureuse. Par l'étude de l'antique, il avait acquis la grâce et l'élégance de la forme; par l'étude des maîtres italiens de la Renaissance, il avait appris la science de l'ordonnance, l'art

---

[1] Lettre à M. Devosges. — Rome, 28 mars 1786.
[2] Lettre à M. Devosges, 28 mars 1786.

de coordonner et de grouper les figures. Mais ces connaissances esthétiques, il ne les considérait que comme un moyen pour arriver à exprimer plus complétement ce qu'il avait dans l'esprit. Car il n'est pas de ceux qui se contentent de charmer les yeux : son but est plus élevé. Il veut rendre les sentiments, les mouvements de l'âme et mettre son style en harmonie avec sa pensée. C'est ce qui nous explique pourquoi il mit aussi longtemps à se former, car on n'arrive à un résultat semblable qu'avec de longues et fortes études. Ce but, il l'avait enfin atteint, et il était entré en pleine possession de son talent quand il revint à Paris, en 1789.

Mais les événements politiques qui se précipitèrent lui réservaient encore de mauvais jours. Forcé par la nécessité d'accepter des travaux indignes de lui : des illustrations, des vignettes et jusqu'à des têtes de lettres et de factures pour des marchands, il dut attendre jusqu'en 1798, époque à laquelle, grâce à la protection de M. Frochot (qui fut depuis préfet de la Seine), grand admirateur de son talent, il fut enfin chargé d'importants travaux qui soulevèrent bientôt l'admiration de ses contemporains. Logé au Louvre, puis à la Sorbonne, nommé membre de l'Institut, il recueillit enfin le prix de tant d'efforts et de persévérance. Désormais, son génie, délivré des entraves qui l'avaient retenu si longtemps, put prendre son essor et créer les belles œuvres qui l'ont placé au premier rang de l'école française.

PIÈCES JUSTIFICATIVES.

(Extrait des Archives de Saône-et-Loire.)

ÉTATS DU MACONNAIS.

N° I. — DÉLIBÉRATION DU 17 MAI 1774.

« Monseigneur l'évêque de Mâcon chef et président né des Etats et pays le comté du Mâconnais, le révérend père dom Chamoux, prieur de Cluny, élu du clergé; Monsieur Daugy, maire de Mâcon, élu du tiers-état, et les officiers desdits Etats soussignés assemblés au palais épiscopal en la Chambre des Etats.

Mgr l'Evêque a dit que pendant la séance du chapitre de Cluny, Pierre Prudhon natif de ladite ville de Cluny, âgé de 16 ans, fils de Christophe Prudhon tailleur de pierres lui auroit été présenté à cause du talent qu'il montre pour le dessein, qu'ayant examiné les ouvrages que ce jeune homme a faits sans maître, il avoit effectivement trouvé qu'il pouvoit faire des progrès considérables dans cet art, à quoy il auroit ajouté qu'ayant été instruit que les parents de ce jeune homme étoient hors d'état de luy procurer les maîtres nécessaires pour se perfectionner, il avoit pensé que la province pourroit se déterminer à faire la dépense nécessaire pour envoyer ledit Pierre Prudhon à Dijon à l'école gratuite de dessein établie par Messieurs les Elus généraux de Bourgogne, mais que comme la province ne peut se déterminer à une dépense qui n'a pour objet qu'un individu sans chercher à faire par la suite le bien public, il estimoit qu'il convenoit de proposer à ce jeune homme de venir enseigner à Mâcon lorsqu'il se sera suffisamment perfectionné à Dijon.

La matière mise en délibération, il a été unanimement arresté que ledit Pierre Prudhon sera envoyé à Dijon pour fréquenter assidûment l'école de dessein, se perfectionner dans cet art autant que ses dispositions naturelles font présumer qu'il est en état d'acquérir du talent, à la charge par ledit Pierre Prudhon de venir enseigner le dessein à Mâcon pour les appointements qui lui seront fixés.

Et Monseigneur a été supplié de vouloir bien prendre la peine d'écrire à Monsieur de Blancé pour l'engager à recommander cet élève au directeur de l'école de dessein, comme encore de vouloir bien charger quelqu'un à Dijon de chercher une pension convenable où le jeune homme pourroit être placé. Le montant de laquelle pension sera payé de trois mois en trois mois par le trésorier des Etats de ce pays et alloué dans ses comptes en rapportant extrait en forme de la présente délibération et les quittances du maître de pension. Il a été de plus arresté que la province fera la dépense relative à l'école de dessein où il est envoyé, laquelle dépense sera pareillement payée par le trésorier des Etats sur les mémoires certifiés du directeur de l'école. »

Pierre PRUDON.
† GAB. FR., évêque de Mâcon.
Président né des Etats.

D. CHAMOUX, NOLY, A. RUBAT, GIRARD LABRELY.
Elu du Clergé.

(*Archives de Saône-et-Loire.* — C 494.)

N° 2. — DÉLIBÉRATION DU 8 FÉVRIER 1775.

« Les Etats renouvellant en tant que de besoin leur délibération du 17 mai dernier par laquelle le sieur Prudon a été placé à l'école de dessein à Dijon aux frais de la province, ont ordonné qu'il sera fourni aux mêmes frais, aux mêmes besoins de cet élève relatifs à l'état que l'administration se propose de lui donner ; il a été de plus arresté que pour encourager les talents de ce jeune homme qui se développent d'une manière aussi surprenante que satisfaisante, il lui est accordé une gratification de 24 livres, laquelle somme lui sera payée par le trésorier des Etats. »

(Suivent les signatures des élus.)

(Archives de Saône-et-Loire. — C 494.)

N° 3. — Délibération du 8 février 1776.

« La Chambre s'étant fait présenter la délibération du 8 février 1775 par laquelle elle s'est déterminée à faire les frais de l'entretien à l'école de dessein établie à Dijon, de la personne du sieur Prudon, et attendu que ce jeune homme montre les talents les plus décidés et fait des progrès très-satisfaisants dans la science du dessein,

Il a été ordonné que les Etats continueront de fournir à la dépense d'entretien de cet élève et afin de l'encourager il lui a été accordé une gratification de la somme de 30 livres qui lui sera payée ainsi que sa pension par le trésorier des Etats. »

(Suivent les signatures.)

(Archives de Saône-et-Loire. — C. 495.)

N° 4. — Délibération du 28 février 1777.

« En laquelle assemblée Monseigneur l'Evêque a dit que le sieur Prudon natif de Cluny entretenu à l'école de dessein à Dijon aux frais de la province avoit remporté le premier prix et qu'en conséquence, il avoit obtenu la médaille d'or destinée à encourager les succès des élèves de cette école,

» Sur quoi la Chambre pour encourager ledit sieur Prudon et lui donner des marques de sa satisfaction, a délibéré de lui accorder une gratification de 120 livres qui lui sera payée par le trésorier des Etats en vertu de la présente, lequel demeure en outre autorisé à payer et acquitter le montant de la pension et de l'entretien dudit sieur Prudon. »

(Suivent les signatures des élus.)

(Archives de Saône-et-Loire. — C 495.)

N° 5.

Le 27 février 1778 baptême de Jean, fils légitime de Pierre Prudon, élève de l'Académie de peinture de Dijon, et de demoiselle Jeanne Pennet, son épouse.

(Archives de Saône-et-Loire. — B 1462.)

N° 6.

Le 7 mai 1780 baptême de Jean-Baptiste-Anne-Geneviève, fils de Pierre-Paul Prudon, peintre de l'Académie de Dijon, etc.

L'acte est signé P.-P. Prudhon.

Ledit enfant meurt le 11 août suivant.

(Archives de Saône-et-Loire. — B 1462.)

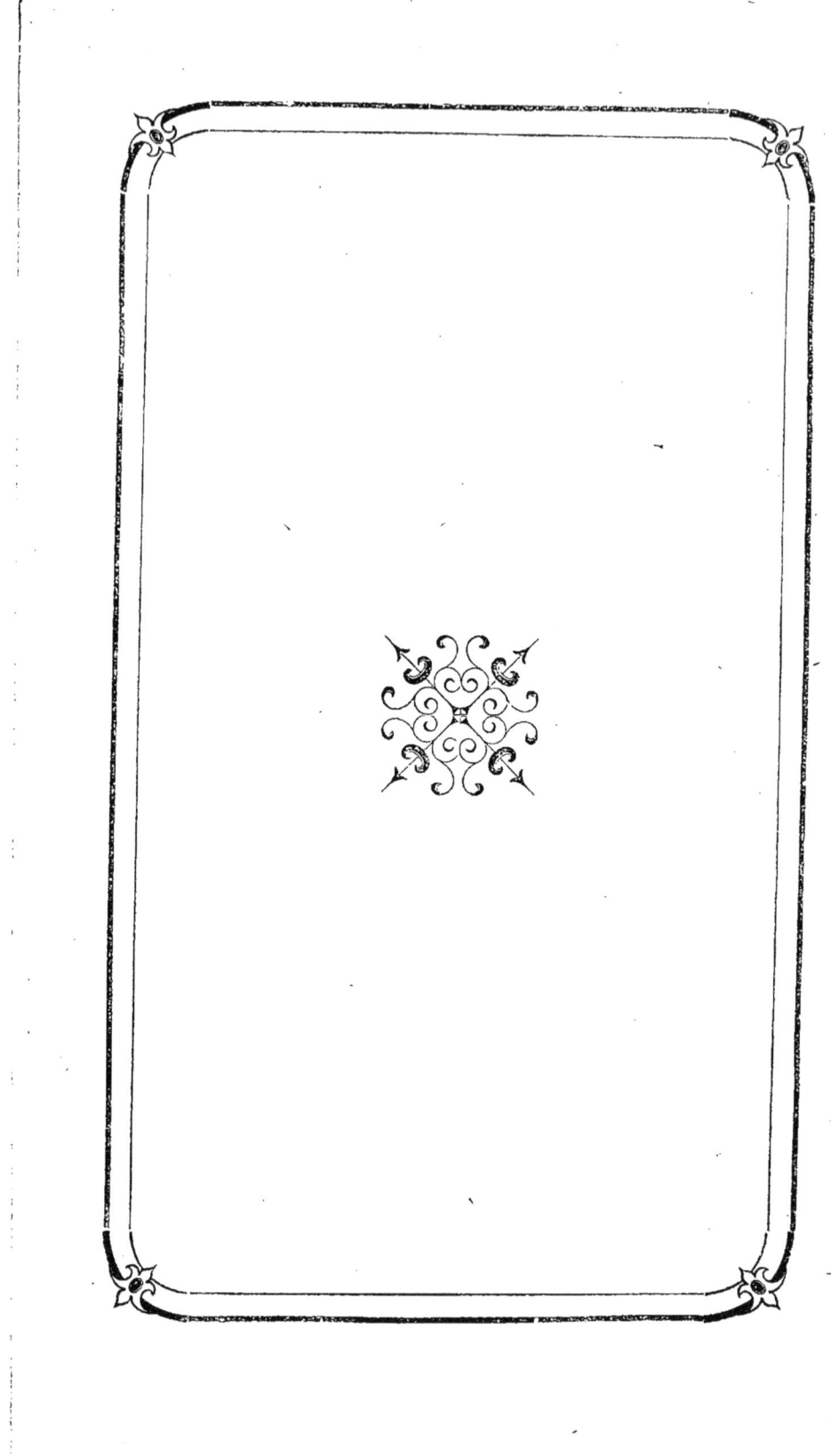

www.ingramcontent.com/pod-product-compliance
Lightning Source LLC
Chambersburg PA
CBHW060718050426
42451CB00010B/1503